Psykhé
Poético mano a mano

Jorge Hu

Sara Timóteo

Total agradecimiento

Qué bueno que el porvenir sea un entramado de misterio

Qué buenas las sorpresas a la vuelta de la esquina, qué bien los caminos disparejos

Aleluya los ojos cerrados del futuro

Fortuna las coincidencias con personas infaltables en tu gran vía, que en contienda con la ley de las probabilidades llegan a ofertar la sumatoria que engendrará el clímax de tus obras

Así, Sara, entretejiendo su arte para adornar mi historia aun sin tomar en cuenta que eran casi imposibles los tiempos, las vidas, convergieron en el camino común de la inspiración para resultar en este satisfactorio libro

Gracias Sara Timóteo

Jorge Hu

Prólogo

Duas almas solitárias que procuram a sua alma gémea.
O destino quis unir-las mas a teimosia, a desconfiança e o orgulho gritaram mais alto.
O coração desgarrado sangra, e quando a saudade aperta, o céu azul fica coberto de escuridão.
Um amor intenso vivido com notas musicais e o cheiro das "Amapolas".
Afrodita está sempre presente nesse templo chamado coração.
A rivalidade de dois seres que lutam para saber quem ama com mais intensidade, com mais clareza.
Quem vai sucumbir ao encanto da paixão?
Será o amor uma prisão?
Mas o tempo perdido, mas não esquecido algures entre o passado e o futuro, dará a estes amantes apaixonados a desforra do reencontro?
O nome de cada amante está gravado com amor, perseverança no coração doutro. Cada um deve seguir o seu caminho no laberinto dos sentimentos e encontrar a saída para ser feliz.

* * *

Dos almas solitarias en busca de su alma gemela.
El destino quiso unirlos, pero la terquedad, la desconfianza y el orgullo gritaron más fuerte.
El corazón extraviado sangra, y cuando el anhelo presiona, el cielo azul se cubre de oscuridad.
Un amor intenso vivido con notas musicales y olor a "Amapolas".

Afrodita está siempre presente en ese templo llamado corazón. La rivalidad de dos seres que luchan por saber quién ama con más intensidad, con más claridad. ¿Quién sucumbirá al encanto de la pasión? ¿Es el amor una prisión? Pero, ¿el tiempo perdido, pero no olvidado en algún lugar entre el pasado y el futuro, dará a estos apasionados amantes la revancha del reencuentro? El nombre de cada amante está grabado con amor, perseverancia en el corazón del otro. Cada uno debe seguir su propio camino a través del laberinto de los sentimientos y encontrar la salida para ser feliz.

Roxana White

Psykhé

Tu nombre

En la soledad nocturna,
a falta de llanto,
en ojos salados y quebrados,
con labios erosionados,
y cuarteados hasta el brotar de la sangre,
entre cuatro paredes asfixiantes,
cimbradas por los rayos de mi tormenta interna,
de ideas delirantes,
de despojos tan injustos como crueles,
con lamentos flagelantes,
que supuran tu nombre,
ausente de sentido,
en el respirar de mis heridas,
me llega el olvido,
con las ganas de no vivir esta muerte,
mis débiles dedos apenas sostienen mi pluma,
que pretenden escribir tu nombre,
tu nombre mil veces,
para sacarlo de mi hambre,
tu nombre que olvidé demasiado tarde,
hasta la vergüenza,
de ya no querer más vivir a medio aire,
¿cuál es tu nombre?,
¿cuál es tu nombre?

J.H.

O teu nome

Não sei se morreste
Nos meandros da saudade
Sobre o meu coração pulsa o teu odor
E sei que nenhuma tempestade externa
Te devolverá ao ciclo das coisas

O meu olhar é um beco de cinco estios perdidos
E o teu nome é um fogo álgido
Nutrindo a temperatura de todas as coisas
Sem paz e sem noturnos de Chopin
Por onde a minha mágoa se possa debruçar
E consumir o tempo gasto
Pelos meus lábios
Na conjuração do teu luar
E da poesia do teu desejo

S.T.

Acabé por el principio

Regreso el tiempo en mi mañana para vernos,
terminando tan juntos que al dormir,
no supimos la distancia que profanó los sentimientos,
cada cual en el lugar de su cama y en distintos confines del mundo,
se abrieron sin protesta y casi suplicando al placer de vivir la noche.

Antes corrían sensaciones que ayer murieron y al cerrar los ojos a la luz vinieron,
de a poco se acercaron las manos manchadas de corazones e ilusiones inciertas,
en un juego que no atinaba ceder o permitir los pasos que vendrían,
acompañando los latidos tan rápidos que se sentían en lugares olvidados,
sin pensar el freno cedió a la intuición embalada en una extraña confianza de deseo,
de que fuesen ciertas las improvisadas pulsaciones cerca de sus vientres,
y genuinas las risas que acompañaron los juegos de los nombres cariñosos.

Algo te trajo arrastrada más de curiosidad al punto de lo incierto,
sentir lo especial que fuiste para sacar las letras que leíste,
comenzó, pensaste, todo por un mensaje llegando,
yo me acerqué después de pensarte plasmada en mi cuaderno,
sin saber por qué mi mente me gritó la poesía que más tarde me contaste te ilusionaría.

J.H.

Nenhuma ausência de ti, meu cais de regresso sem partida.
Sou derivada do pulsar do teu desejo:
Nem as palavras urdem, em mim, a perspicácia da paixão
E as manhãs estendem-se pelo teu corpo incendiado sem que os meus batimentos cardíacos acelerem.
Não sei cerrar os olhos; apenas abri-los.
Tudo se desmorona perante a luz, e eu só conheço a luz.
Contaram-me que a escuridão existe, e até tentaram convencer-me da prevalência das trevas sobre os meus gestos, mas desfiz todas essas conjuras ao observar tudo o que nasce e morre.
A poesia vive onde a mágoa beija o orvalho, e talvez nos teus olhos renascidos ao luar: o ponto incerto onde tremula a imanência.

S.T.

Detalles

En tu arrebato no te diste cuenta,
pero cada día sembré semillas en tu vida,
con el fin de que me olvidaras muy despacio,
sin percatarte fuiste presa,
de los pequeños detalles que hoy te obligan a no olvidarme.

Creíste fácil saltar de la tabla del buque ardiendo en llamas,
quisiste aferrarte al salvavidas que te llevaría presto
al rincón de los amores dejados en el tintero,
para tu infortunio veo en tus pupilas el brillo del amor,
y más allá de tu enojo,
presiento que estás con ganas de volverme a poseer,
al igual que yo,
cada vez que en mi lecho sólo me inunda el desasosiego.

J.H.

De nada vale o silêncio que se faz ouro nos nossos gestos. És prisioneiro da tua própria estética, e consomes em mim um fogo há muito arredondado pelas cinzas.

As árvores contêm o meu voo apenas por um instante e é o sol a determinar a minha rota quando me dispo e toco o rendilhado anelo da lua com os teus dedos em díspar contentamento sobre o meu corpo.

É a tua anuência a desfazer-se sobre as águas perfumadas pelo jasmim que povoa a minha inquietude, copo sem sal por onde se evade a claridade do teu sorriso.

S.T.

Mi prisa por volver

En cada sorbo de café me resonó tu voz, ahora voy a mis quehaceres lejos del mariposario. Me adentro en la puerta de la dualidad donde, si no hay corazones rojos, aún puedo recordarlos y esbozar una sonrisa. Sí, pintarrajearé de pasión lo que pretende no tenerlo a partir de tu recuerdo narcótico que después de mi cama todavía no fenece. Buscaré que el día sea tan rápido que regresar a ti no dure una eternidad.

J.H.

A casa

Só em casa reencontro o murmúrio remanescente
da tua ausência.
Arrasto-me por entre as paredes álgidas de loucura,
e ponho talheres na esperança de colocar ordem no
mundo despedaçado por ti legado.
À justeza do meu coração.
Sou uma pedra nua a ofertar-se entre rios de desejo,
aquele seixo que esculpe distâncias por baixo da
mágoa.
E que nunca se deixa agarrar.
As mariposas prosseguem o seu voo sobre o teu golo
de café, mas os meus olhos falham ao desvendarte.

S.T.

Fértil

Las fibras entretejidas en el delirio de las ideas desenredan a la tierra que el arado ya abrió de tajo para que el grano muera y dé paso a todas las flores posibles.

J.H.

Só a nudez precisa de uma luz tangente ao teu rosto me permitirá avaliar a pouca sensatez da tua loucura.
Recolho a lua que assoma ao beiral, e despeço-me das colheitas.

Espero que me sigas e não sei se apenas o silêncio saudará o pulsar da minha luxúria.

S.T.

Seducción

No era un cortejo con manos y besos; le rocé cerquita de la fuente de sus ideas y ella replicó con su sutil fuerza para mostrarme su entereza. Conjugamos cada cual con el arma de su destreza palabras para involucrarnos en un camino tortuoso de inigualable placer, para seducir con frases con la fuerza similar a los pavorreales bailando. Sin duda removí emociones en su adentro como ella hizo lo propio con mis entrañas. El acopio de los versos compartidos nos dio la conexión que la piel tocada envidiaría, que los labios desearían por más húmedos y lentos que fueran, fue la retórica a fuerza de prosas y rimas lo que en cada encuentro nos desnudó el alma tan sólo con nuestra compartida poesía.

J.H.

Inteireza

Desconheço a fonte cantadeira de antanho.
Onde bebes a melodia por ti tão desejada.
Sempre fui mais de me perder no caminho
delineado pela imanência.
Coisa pouca, esse raio de sol sobre uma face amada,
dotando-a de uma esquadria desconhecida;
apenas um pormenor, esse pão partilhado entre os
amantes da palavra;
mínima réstia de sal a temperar a poesia.

S.T.

Cúbrete y vete

¡Vamos ya!, quítate la máscara,
toma tus ropas y cubre tu desnudez,
ya lavaste el escarlata de mi sangre,
y mi rostro lo cubriste de espinas,
¿qué más quieres en mi cama?

No te quedes más, ¡vete, vete ya!,
de nada servirán ya tus encantos,
porque te haré el amor una vez más cada noche,
y podrás triunfar en la carne abierta,
aun sabiendo que mi lumbre está extinta,
y que morí en tus engaños,
mas sin embargo de mí ya no tendrás vida,
sólo tendrás los superfluos reflejos de la amnesia
de mi dignidad perdida.

J.H.

Sabes lá
desconheces a cadência dos meus passos ao
iluminar uma sala
com candelabros por testemunha.
A minha mente descortina aquilo a que chamamos
amor como um exercício fútil de evasão e posse.
No entanto, reconheço serem os acordes de Eros a
unir a semente à terra; por isso, porfio por uma
dádiva verdadeira.
Esse tojo feito de ilusão fabrica cristais de medo – e,
nesse estado nem gasoso nem líquido, todos somos
belos, inteligentes, justos e bons.
Falta apenas a verdade a esta metáfora que
fabricamos – e é essa.
A transparência que procuro
no ritmo oloroso do desejo.

S.T.

Insania

Llovía tanto que no veía a un metro, aun así, estoico, parado en la esquina esperé tu regreso. Mi pesada ropa empapada de ilusiones se ancló cerca del muro de mis lamentos, en la insania creí que el cielo lloraba por mí y que el frío sería pasajero. Esperé y el vagón vacío del tren me reprochó mi propia malentendida fortaleza; aunque, sin darme cuenta, hoy pasaron los años y la calle me sigue abrigando y me grita en cada esquina que tú, quizá, olvidaste nuestra cita y, sin importar, hurtaste la locura que tenía por vivir la vida.

J.H.

Insanidade

Sou acometida por um momento de lucidez enquanto nos aproximamos sem pudor à luz de uma memória.
Caminhar para a luz é um ato de pura insanidade, o único possível neste mundo de rostos gastos.
Dei-me a ti quase sem querer, talvez por ousadia ou por seres o prenúncio da transparência por mim tão procurada, aquela que me permite segurar o sal das tuas sílabas entre os meus lábios nus.

S.T.

Fénix

Te fuiste y en paisaje cruento y doloroso tornaste nuestra alcoba, otrora plató de mis glorias viriles, que tanto viviste al compartir en igualdad de estrategias tu inocencia beligerante y el calor de tu pecado de lujuria. Izando tu bandera como bucanero en las Antillas, con el cuchillo en los dientes, nos brindamos un dominio compartido en tu territorio que fue tan mío. Hoy las cenizas de mis calcinadas carnes sofocan el respirar de mis ganas de vivir. Te fuiste y ya no retornaste.

J.H.

Não sei como chorar-te, meu amor.

Desapareceste algures entre a maresia do nosso alvorecer e o outono criado repetidas vezes pela sombra dos nossos corpos nus.

Sei-te a cor dos olhos até ao lume da alma, mas isso de nada me serve.

Foste um sonho, e poucos te recordam: tiquetaque da imprecisão a moldar o nosso tempo de ardor.

S.T.

Somos muchos mundos

En mi mundo bonito estabas tú,
en mis otros mundos quién sabe quién.

Despertares extraños me separan de tu regazo
y vientres nuevos me dan su espacio.

Prefiero ahora mi piloto automático que me dirige
sólo sin pensar para no extrañarte en extremo.

Tú sabrás esquivar y derrotar tu cariño porque eres
obstinada,
sin embargo,
sé que extrañas puntualmente mis mañanas en tu
espalda,
y que me piensas sin querer,
involucrándote en la nada,
donde llevaste mi destino que se desgrana entre tus
manos,
que un día creí serían las que con su tacto,
despertarían mis sentidos cada mañana...

Somos muchos mundos.

J.H.

Dança pouco habilitada

Disseste-me ser eu peculiar, de uma espécie diferente de todas as amigas e amantes que por ti passaram.

Puseste-me num pedestal que destruí, porque o meu fogo só aceita corações inteiros como tributo, e não fantasias ou projeções de inutilidade ontológica.

Gastaste o teu tempo em censuras – e o teu tempo aproximava-se do fim.

Deixaste o mundo órfão dos teus gestos, e das poucas palavras por mim transformadas em literatura; essas sílabas encantadas pela música de Orfeu, longe da mentira e da repressão.

Sobrevivi-te, com toda a malícia que me atribuíste.

Deambulo, mas não perdida; antes para esconjurar o tédio da tua previsibilidade, grande amor passado, amor inexistente na assombração das coisas.

Conheço a inutilidade do adeus. Tu já não eras, mesmo quando o teu corpo se aproximava do meu.

S.T.

Infarto

Me preguntaron ayer por ti,
antes de decir palabra un nudo en mi cuello
estranguló mis recuerdos,
cada segundo se eternizó inclemente,
y no atiné a proferir lo que tanto quería expulsar de
mi garganta.

Todavía elijo cerrar a la luz mi vista,
cuando mi ombligo quiere salir por mi espalda,
concluyo que mi pesar no está curado de tu
ausencia,
y lo saben mis arterias cuando empujan su sangre a
mis lagrimales,
y se roban la humedad de mis ahora áridos labios,
carentes del licor de los tuyos,
condenados a la erosión que poco a poco,
terminará por congelar los latidos de mi infartado
corazón.

J.H.

Solo erodido

É o solo erodido da infâmia, esse
percorrido pelos teus lábios em faustosa convulsão.

A lua fugiu-me por entre os dedos e olho para o
abismo como os gestos gráceis da renúncia.

Dedilho sentimentos ao acaso, pois desconheço
o caminho de regresso a mim.

S.T.

Sometimiento

Ven,
acércate a mí,
quiero que me veas a los ojos,
que me digas que por mí te mueres,
apetezco verte rendirte a mis pies,
como nunca antes lo hiciste,
que te arrastres donde piso,
en total sometimiento,
que con todos tus miedos,
tus falencias y miserias,
te me entregues,
te tomaré sin miramientos,
hasta que quedes sin nada en tu ser,
deseo me pidas que te tome,
que no repliques,
que no cuestiones,
te daré el placer a cambio de tu voluntad que ya es mía,
lo sabes y lo aceptas sin ninguna restricción.

Estas fueron sus palabras la última noche que la vi,
y sin razonarlo un segundo,
a sus gustos sucumbí.

J.H.

Submissão

Vivem as árvores do ar prodigalizado pela floresta
e o teu riso do furor dos meus lábios.

Pensas ser eu a alimária dos teus desejos, mas és tu
a força submetida aos meus.

Vice-versa não implica equilíbrio
quando a vontade de um impera sobre a do outro.

Em todo este cenário, apenas os teus olhos
sobrevivem ao impacto da queda.

Quando nos transferimos da condição de anjos
para a de mulher e homem.

S.T.

Obcecada

Hoy que pretendes que no te importo y vanaglorias tu triunfo obcecada por la revancha incómoda en tus noches a solas, cada y cuando te tropiezas con mis insulsos recuerdos, por más que cierres tus ojos, me verás en tus pensamientos todavía por algún tiempo.

Pero no te ofusques, que pasadas algunas mañanas y muchas noches el polvo cubrirá, para tu bien, mis remembranzas, mientras las flores se sigan marchitando sin llegar a tu mesa, sin adornar tu casa.

J.H.

O jardim noturno

Farei teu luto no nosso jardim noturno,
esse suspirar construído a dois entre as ancas e os
cabelos devolutos ao final da noite;
essa espera fumada entre o pôr do sol e a
madrugada fundeada no teu corpo.

Saberei guardar silêncio acerca do que nos uniu,
mas permitirei aos meus olhos derramarem todos
os nossos segredos,
sobre a estrela d'alba movendo-se em diurna
conjuração deste sonho.

S.T.

Sin alma

¿Y ahora qué hago con la ternura que exudan mis poros y con el estrecho hueco entre mis brazos y mi pecho que ha quedado formado?
¿A dónde remito las palabras que no resisten ser calladas?
Sin tus pupilas,
¿dónde clavaré mi vista y mis sueños?

Mis pasos torpes buscarán el oriente sin salir de estas cuatro paredes,
el celo provocará el vuelo de las palomas cuando zureen su canto de cortejo,
prescindiré de tu lado femenino que hoy me incompleta por ausencia no compartida,
blasfemaré sin miramientos,
porque lejos jamás sufrirás el agónico estertor que mi tráquea expele,
por la resaca que cada mañana,
ebria de vergüenza,
me califica como un hombre a medias,
como un hombre sin alma.

J.H.

Ausente

Encontro-me ébrio de chão, tonto de certezas após a tua partida.

Interessou-me sempre mais ter razão do que ser feliz.

A esse ponto de discórdia fundamental foi atribuída uma maçã envenenada. Comeste-a, como a princesa que és, e adormeceste sob o perjúrio de falsas promessas.

Procurei romper o espelho onde te perderas, mas preferiste permanecer na ilusão delineada pelo augúrio dos pássaros sobre o céu azul.

E frio, que me recorta o coração em mil e o lança aos quatro ventos da dor.

S.T.

Almas viejas

Vienes de antes,
desde la fuente,
con el matiz de todas las auroras,
con todos los vientos que perfilan tu silueta a tu favor.

Jamás olvidaste la cita,
a prueba de todas las afrentas,
con el ímpetu sin quebranto,
abriste entre escarpados senderos,
los manantiales que hoy hacen navegar tu nave.

Siempre supiste sortear tempestades,
y hoy arribas a tiempo,
donde el encuentro ya estaba en el pacto.

Ahora tengo listo el espejo de plata,
donde tu desnudez mostrará la tierna sangre,
que siempre me dibujó tu faz para el regocijo de mi alma,
y que,
por el día de hoy,
me llena de desbordante calma.

J.H.

Cais de chegada

Nas correntes frias da lucidez,
esmago o meu olhar de predadora
e procuro emergir límpida e inicial
como um batimento cardíaco.

A dor é uma serpentina a rodear o essencial de mim:
esse pacto feito antes do tempo.
Conheço-te e sei-te de antemão
Nessa mútua descoberta de Elsinore.

Os passos ressoam pelo reino da Dinamarca onde o
bardo caminhou um dia, mas somos cegos aos
astros.
Quando contemplamos a imensidão dos nossos
corpos nus.

S.T.

¿Quién eres?

Un día lo tendremos todo...
Y comenzaste pariendo mi dolor para librarme de
mis cargas sin pedirlo.

Ungiste con aceite mis coyunturas,
cerraste mis ojos turbios,
y tu vaho disipó la obscuridad.

¿Quién eres?
¿De dónde vienes?

Toma sentido el viraje del timón que obedeció al
aire sabio,
aunque adentrará en la tormenta porque,
para bien,
ésta no fue eterna,
ni con mucho la final de nuestra faena.

Un día lo tendremos todo...
Esa fue la bendita promesa.

J.H.

Um dia

Cada momento se move sem subterfúgio
por entre as aparas do pensamento.

Reconheço um olhar fremente
sobre a tua pele, e o calor irradia
do pensamento para o movimento.

Perdi-me de mim, esqueci-me de onde vim, e
vagueio de forma organizada por entre os
escombros da eternidade.

A minha faina intitula-se desdita,
e com toda a intenção metamorfoseia-se sob a
pátina da alegria.

S.T.

Amapola

Luz, color, atavío bonito sin máscara, ungüento en la herida simple, transparente mirar con brillo casi tenue, imperceptible vienes y marcas, viajas, dejas sonidos leves y te espero, los tic-tac suceden, segura eres, lo sostienes y sabes lo que tienes. Sonrío a solas, los dementes lo hacemos sin motivo, lo achaco a tu émulo de Amapola y a tus radiantes colores vivos.

J.H.

Despertar

Hoje acordei com a pele nua sobre o sonho.

Desconheço tudo, menos as sílabas escritas sob o signo da luz.

A memória perdeu-se das mentiras, efeito irreversível das marés do desejo.

Tatuei o teu nome nas amarras do meu navio, e sigo à popa do meu destino.

Faremos juntos grandes coisas, e descobrirás os mares onde o sol não morre.

S.T.

Lo que no fue

Tantas veces hablamos con la mirada cuando el azar
te cruzó en mi sendero.
Preferiste no ocultar tu deseo y sostuvimos sin
parpadeo el penetrar de las vistas.
Desnudados en euforia por estar cerca,
sin embargo,
nuestros pasos siguieron una y otra vez directrices
opuestas,
dejando sólo los calores palpitando en la carne,
y un frenesí deshonrado,
por el débil carácter que nunca nos unió,
a pesar de lo mucho que lo deseamos,
sin saber que un día,
ya jamás nuestras vistas se cruzarían...

Y entonces lo que no fue ya nunca sería.

J.H.

Sob o manto estrelado

Era o arco diáfano da aventura
E eu sorria; entendia
Enfim haver chegado a minha hora e,
Soçobrados os meus terrores,
Era tempo de viver.

Depressa descobri a fixidez lunar
Das pétalas do desejo debruadas a dor
No meu corpo
E antevi a ignomínia do atavio
Sob a palavra "amor".

S.T.

Comunión

Retiré tus anteojos con calma para poder
adentrarme por el túnel de tu alma.

Así entré lentamente,
con el cuidado que se trata al frágil cristal.

Sentí tu comunión cuando diste paso sin
restricciones y sin prisas.

Al sujetar mis manos con las tuyas atamos al muelle
la barca que sólo parecía no moverse,
resistiendo las caricias de las olas inquietas.

Así me llevaste a la luz de la fuente,
brindándome el tiempo suficiente para alcanzarte
antes de la noche,
y así, frente a frente,
compartimos los paisajes que soñaste y que
guardaste tanto tiempo,
mientras no llegaba el que creíste justo para
entregar tu alma.

J.H.

Perséfone

Abri os olhos pela primeira vez
quando me lancei no teu regaço
e o cristal de todas as coisas me assolou ao rasgar
todas as minhas expetativas e apreensões através de
um nó em expansão para o infinito de
Nós.

As tuas mãos desceram sobre mim à temperatura do
medo
e abandonei-me às trevas
sem questionar o futuro que gravara
no meu coração.

S.T.

Azar

Al final no fuimos un destino,
y mis defectos los cubrirás,
con otras falencias de alguien ajeno a nuestra
historia,
y mis talentos te dolerán como espinas en los dedos,
desearás borrar mis buenas intenciones,
y querrás subsistirlas sin dolores,
tal vez atinarás la dicha,
y comenzarás a diluirme a un medio color,
mas nunca mi mancha será tan difuminada como
tus tentaciones.

En tus noches mojadas mis arrestos no te
empujarán al arrecife profundo,
porque estarás a sólo un paso de mis cicatrices
endebles,
que hoy apenas sano entre algodones.

Al fin comprenderemos que fuimos una
oportunidad del azar,
que tuvo un gran juego en la mano,
pero no lo supimos bien jugar.

J.H.

Jogo

Nada me impede de ser outra em relação aos dias
em que a ti me ofereci
Lânguida e despojada
Partícula de poeira a dançar sob a luz crua
Dos teus olhos negros.

Desejaste o meu movimento, mas desconhecias ser
impossível conter
As elíticas do furor e os ângulos agudos da paixão
Só sei viver, não fingir
E por esse motivo o nosso jogo
Termina onde a poesia começa
A corroer as palavras com a aridez
Da vida.

S.T.

Tú y yo

Cómo no encantarme hacer castillos en el aire con el
mismo que respiras,
a mi alcance armando el derroche de fragmentos de
vivos momentos de magias,
y el embate impío de lo que ofreces,
así como si nada,
al natural, sin poses forzadas,
impronta arrancas carcajadas,
y nos mezclamos con palabras,
y hablamos del helado y del viaje que todavía no
hacemos,
de lo incierto,
de lo intangible,
de las historias sutiles enmarcadas con la memoria
de eternas melodías,
que guardamos un día en un cajón con recuerdos
mutuos,
y hoy renacen con más sentido del que antes tenían.

J.H.

Porque és o meu sal

Trouxeste a estética da desolação nos teus gestos
E, ao possuíres-me, deixaste uma salina por dessecar
No meu corpo.
Um dia, fui uma seara de luz a debruçar-se sobre o vento leste;
Mas a lua veio, e transportou-me até às tuas mãos
que derrubaram os meus cachos e transformaram o meu cântico em vinho fugazmente bebido
Pelos teus lábios nus.
Despojámo-nos de mentiras
E deixámos o pó corroer o mundo.

S.T.

Un día nada normal

Los días especiales vienen sin aviso,
elucubran las luces azules para bañar de fotones
los iris,
centellando con vistazos radiantes que iluminarán
sus caminos.

De pronto la alegría desborda los ánimos,
y la lógica parece un cuento de ficciones y de hadas,
llegan y se instalan en el lugar donde la dicha se
dispara si coincides con pasiones,
las dicciones atropelladas con el ánimo de estar
juntos te llenarán de música los oídos,
y terminarás al cabo con los silencios atrapados en
los besos,
de esos que no quieres terminar porque llegaste al
punto sin retorno de la entrega complaciente.

Te juro,
hay días especiales,
tan especiales como hoy, diez, seis, veintiuno.

J.H.

O templo azul dos dias sãos

Meu amor, atravessei os terraços dos jardins
suspensos e abandonei a ereta lucidez dos templos
aos quais me devotei
Para perseguir a ilusão do teu torso emergindo
inteiro das águas musicais
Onde os Antigos te bordaram e ensinaram, passo a
passo, até ao momento do nosso encontro.
Vieste com uma poalha a premir-te o entendimento
sob as íris, e tive de desposar a tua sombra para me
poder abrigar nesse teu corpo de persa esplêndido.
Acolhi em mim a barbárie para melhor te entender,
e domino agora o ofício de
estar perdida
melhor que antes.

S.T.

Andamios

Tropezamos y nos equivocamos mil veces sin
equivocarnos y sin tropezar,
porque fueron tan sólo fundamento en el andamiaje
construido al azar,
todo me condujo a tu seno,
al manantial de tu austera manera de no darte,
me abriste la puerta sin soslayo,
fuiste directa en tu entrega,
para ceñirme a tu falda y al aroma de tu aurora en
los tiempos de vigilia,
con los frutos tuyos y con los anhelos míos,
me hiciste poco menos que adicto a las charlas
nocturnas y eternas,
que transgredieron madrugadas sin desperdicio de
alegría.

Tantas formas de conocer el amor que no
sospechamos,
sólo al auspicio de la ternura que me diste en el
preámbulo de tu y mi total entrega.

J.H.

Andarilho

Perdi-me, pois os teus olhos aí estarão decerto para
me confortar quando abrir os meus;
Desconheço porque continuo a ver uma cama vazia
e uma desolação tangível de flores em vez de te ver a
ti.
O teu cheiro desapareceu do meu caminho e não sei
seguir-te pelos cruzamentos cegos do destino; talvez
tenhas sido a minha espiga de maio,
E já outubro se acerca dos meus gestos sem
contemplar a ternura dos teus gestos.

S.T.

Capítulo uno

Ya nos embarramos de plática la miel por los poros,
te dijo: "pégate a mí",
y la sal y lo dulce se mezclan,
y te pruebo con mi paladar sin angustia,
venerando los breves momentos descarto mi prisa y
tundo lejos mi reloj,
y me recuesto tan lejos del mundo y tan en ti que me
confundo con tus calores,
y recito en italiano que no conozco,
pero siento al unísono con tu palpitar,
con celeridad marcada que me contagia y cautiva,
Laura *ragazza*, Laura amada, Laura mía,
te dejo pegada a mí.

J.H.

Este é apenas o início

Trata-se apenas do início da cornucópia por ti
ofertada ao desejo;
Os teus passos, sei-o, são assombrados pelas irmãs
do mar
E pelos duendes forjadores do vento.
Fabricamos uma fábula apenas nossa com o corpo
que nos coube em sorte.
Conheço a tua nudez como se minha fosse, e
entreteço os fios do teu destino sem te aperceberes
disso.
O cristal da tua escuridão ruge dentro de mim para
me travar, mas não há como parar as agulhas, pois
elas são toda a poesia que me permitiste.

S.T.

Enamorado

Amor,
quiero estar enamorado así,
silvestre,
como los campos llovidos, plenos y floridos,
explotando sus vástagos,
alcanzando al sol radiante.

Egoísta al orbe,
y fiel a mi gozo,
deliro a bien mi fortuna de amarte,
amarte y amarte en este estado de casi
inconsciencia,
vehemente, donde no hay capricho,
mas de sólo tenerte y tenerte,
una y diez y siempre,
sin lógica ni tiente.

Culpar a los lentos segundos,
cuando lejos de ti me muero por volver,
y voraces, raudos, locos,
cuando conmigo vienes,
y me dictas los términos de vida,
enamorado, ausente, petulante dueño del mundo,
invisible, ebrio por saber tan sólo,
que hoy es mía la mujer que desee siempre.

J.H.

Intermezzo

Sem causa, apenas me vergo às coisas que vejo
nascer e morrer.
Tu destroçaste a ordem das estrelas e o percurso
inexpugnável da minha vontade, por isso reconheço
o teu corpo quando te debruças sobre mim e me
tomas de corpo presente.
Não sei porque insistem em dizer certas palavras, se
apenas o desejo oficia os nossos encontros a sós.
Satisfação seria uma palavra mais adequada à nossa
loucura, pois morro cada vez que as marés ditam o
fim da nossa imprevisível união.
Debito grãos de areia cada vez que te vejo, e o
universo permanece o mesmo.
Quero-te em mim, mas isso não significa que
sejamos um só.
Talvez apenas signifique que sejamos as papoilas
sensíveis de Plath em busca do nosso antónimo
definitivo.

S.T.

Tiempo de Escorpio

Hay historias de dos que se tardan,
que pasan marzo y abril sin seña,
en verano juegan a no encontrarse,
y la vida sigue como si no siguiera,
se agotan, pareciera, las fuerzas,
pero la sed reclama y quedan veladas,
pendientes,
con brasas ardiendo.

En los tiempos de Escorpio,
señalan la última parada,
para cubrirse con abrazos,
que unirán los fragmentos del alma,
so pena de morir con el calor por dentro,
se regresa a los no precautorios prodigios pubertos,
y se entregan a la vida plena,
para subsanar los yerros que los privaron,
de los idilios y del amor pleno.

J.H.

Não sei

Utopia ou quimera por concretizar,
É teu o sinal nas brasas por mim atiçadas na casa grande.
Já fui escrava dos teus desejos, e aprendi a moderá-los com fragmentos de luz e lágrimas empunhadas pelas minhas sombras.
Colheste-me enquanto rosa, e definho sem o meu jardim.
As estátuas são belas e contemplam um ponto cego, sem idílio e exato na ausência.
Não sei se conseguiria ser cega e precisa, sem nada por que lutar
Sem amor por que morrer.

S.T.

Quiero

Quiero gustarte,
compenetrarme con tu cuerpo y tu mente,
hacer algoritmos que nos unan siempre,
buscar en la nada el detalle que te haga reír,
repletar los recovecos que tú me guardaste,
comenzar cada día con la sapiencia del inocente que
yo te propongo.

Quiero ser fuente que te bañe el vientre de tus
ideales más preservados,
y que me des tu gracia que ya me mostraste,
cada vez que unimos nuestros sentidos más
avanzados.

Hoy quiero gozar de lo que no me haces padecer,
y dejar de lado lo que no nos haga trascender,
hoy te ofrezco mi mano que sujeta de la tuya,
y te haga mi mujer.

J.H.

Dai-me

Dai-me a louca penumbra dos pirilampos a traçar
um caminho sobre a orla do mundo
Enquanto as estrelas se despem com sofreguidão
para iluminar o teu corpo
Permiti que me deixe invadir pela ironia de um
jardim
Secreto e perdido
Onde os deuses se riem com brandura
Desta loucura chamada desejo
O Peloponeso e as oferendas podem esperar

S.T.

Tulipanes

Tulipanes en el undécimo piso,
fieles guardianes de tus sonrisas,
espejos de tu dulzura,
capricho que me supe brindar,
colores compartidos,
la tinta de mis notas poéticas que tatuarán tu corazón,
memorias de mañana cuando pasen los días y me sepas amar.

"Querré más" siempre es mi consigna,
lo que me das vale la pena,
y las flores lo gritan sin sonido.

Reflejados en tus ojos,
se adentran en los sueños nocturnos,
como espías de tus prácticas amorosas,
cuando coincides conmigo.

Tulipanes abiertos a los rayos del sol,
que se guardan con la luna,
respetuosos del papel de los astros,
pero sin perder su encanto me enseñaron,
que el calor del rey la reina lo sufraga,
con su luz serena.

J.H.

Cuando en tu rostro sonríe la luna

Todas las sílabas cayeron, una a una, y así desaparecemos.
Sin embargo, las palabras vuelven a bailar un tango argénteo cuando, en tu rostro, sonríe la luna.

S.T.

Hablemos

Háblame de amor,
no perdamos el tiempo,
los menoscabos, la insidia, el amargor,
no son acogidos en nuestro lecho.

Pertrechados mis amores por darte,
insisten en bañarte el alma que inunda tu cuerpo,
entrégate sin resquemor,
porque sé que urges ser amada completa.

Como la cascada que golpea las rocas,
mi piel te vestirá inevitable,
ahora que estás tan cerca.

Ahora, háblame de amor,
no te desasosiegues por cerrar antes la puerta.

J.H.

O discurso desassossega-me

As memórias ordenadas com tanto cuidado
Neste mundo sem vínculos
Esterilizado de sentimentos

Onde as flores se esquecem de
Existir:
Vibro com cada roçagar teu na minha pele
Mas há uma sílaba que ainda não encontrei em ti
E, por isso, fecho a porta
Antes que as aves comecem a invejar
A leveza dos nossos passos
Sobre o corpo nu do amor.

S.T.

Mi sueño

Ahí en tu remanso de descanso,
cuando el día culmina,
quiero encontrarte vestida apenas con tu ternura,
para colocarme a tu costado,
hablarte casi silente con los ojos cerrados,
y así terminar nuestro día.

Bueno, ahora es un sueño,
pero un sueño decretado,
que busca la algarabía,
y tu placentera compañía.

J.H.

Ik droom van jou in het Nederlands

We leven in de tijd van het gedicht.
Mijn taille buigt naar het oosten
terwijl je adem naar het westen waait.
Uw aanwezigheid is laat in mijn leven gekomen.
Jij bent de tuin waar ik de rozen durf te ontbladeren
waar ik mijn geheimen tegen fluister.
Ik ben onkwetsbaar - en dat zie je niet -
omdat ik naakt ben, ontdaan van elk verlangen
anders dan de drang om mijn lichaam door de aarde
te scheuren
als een dier.

* * *

Sonho contigo em neerlandês

Vivemos no tempo do poema.
A minha cintura dobra-se para leste
enquanto o teu hálito sopra para oeste.

A tua presença chegou tarde à minha vida.
És o jardim onde me atrevo a desfolhar as rosas
às quais murmuro os meus segredos.

sou invulnerável - e isso não o vês -
por estar nua, despojada de qualquer desejo
para além da ânsia de rasgar o meu corpo pela terra
fora
como um animal.

S.T.

La primera

Te asumo,
eres mi primer amor,
no por ser la primera,
porque el tiempo no siempre tiene un orden,
y se da el lujo de contrariarnos,
no por las fechas,
no por un número,
serás la primera en sentimiento.

Llegaste como nada y contra todo,
cimbrando mi ser y cimientos,
revolucionaste mi manera de sentir,
y distintos colores me embargaron de repente,
sin fechas en el almanaque de ayer,
incomparables a mis sentidos del hoy.

Mi cielo, mi vida,
las flores y los sonidos que me gustan son más tuyos
que míos.

Mi bien adorada,
ahora entiendo lo atemporal del amar,
la sustancia intangible,
hoy soy cómplice de los ruiseñores,
de las alondras, las palomas y los gorriones,
que explotan de júbilo mi corazón de amante
confeso y perdido,
loco por ti.

J.H.

Oji mi'nta kre bo
Mi'nta kre bu karinhu
Es disesperu ki'nsta infrenta
Djan purduan nha amor
ke kusa e ke bo ta fazi?

Oji mi'nsta li
Ku bu surizu na menti
Djan pensan lokura d'amor
Bu e pa mi
Tudu ke sta li na luz
Djuda mi
Ka skesi mi

S.T.

Rara es mi mujer

Mi mujer es rara,
con todos mis defectos y falencias,
me brinda mucho de su afecto,
no escatima bondad,
se muestra flor fragante cada día,
y por las noches es el encanto que las musas me reclaman.

No pretende ser más de lo que gusto,
pero en alarde impar vuela y derrocha los cariños en la tierra prometida.

En el tiempo acertado cuelga su casta bandera y se entrega,
hasta fundir con encanto la carne y el aliento,
después sólo deja la proteja entre los pétalos
mullidos que le ofrece mi cariño,
como infanta preserva todos sus poderes en guarda,
para que le custodie en sus sueños,
mostrando la dulzura que tanto le gusta.

Y así transcurre la noche,
y yo en deleite mientras el sol de la mañana,
le devuelve el dominio de mi entrega total a ella,
yo asiento que por fortuna es la dueña de mi cuerpo,
de mi alma y de mi mente.

J.H.

Locus amœnus

A terra onde me conheci
É o lugar mais certo para me dar.
Reconheço o azul do teu corpo,
A luta dos teus olhos
Contra as colinas ebúrneas
Do Peloponeso ressuscitadas no meu corpo nu.

A flor nascida do desejo é isso mesmo:
Um conjunto de pétalas por recolher,
Cheias de sede
Abandonadas ao céu
Para fenecer.

S.T.

Purísima

Aún fresco está el recuerdo de esa noche en que nos
dijimos tanto sin palabras.

Sonidos amorfos dictaron el ritmo de dos sangres
impetuosas,
que reclamaban espacios expandidos,
las miradas a medio ver optaron por cerrar al
unísono los parpados para no distraer a nuestros
labios,
del beso más sentido,
de dos pechos fundidos queriendo de dos corazones
hacer uno,
o tal vez la conexión comenzada cuando te recité
mis versos arrancados de mi propia alma,
y que provocaron la humedad que te vistió,
desatando la perdida de tu purísima calma.

J.H.

Foram poucas as vezes

Quase me perdi
Ao demorar-me nestas águas
Nuas. O vinho não tardará a surgir
Por entre os teus lábios – embriaguez de Dionisos a
reclamar as minhas sombras desalinhadas.

Perco o pudor: ele torna-se leve
Ao surgir por entre a dança da luz
Com o lume.

S.T.

Tú mi ciencia

Tus locuras me dieron letras,
después fueron mi religión y mi ciencia,
mi libro sagrado,
el ADN que me completa.

Tanta alegría cuidando ser discreta,
y entregarte toda sin precaver enmiendas,
dicho estaba y dado por hecho,
sólo faltaba encontrarte en mi brecha.

Junio fue la fecha del reencuentro de dos almas,
que volcaron su paciencia llevada a los límites de la coherencia.

Subsanaste con placeres tan sencillos lo que nunca
supuse que existiera,
mi maga, hoy mi compañera,
mi parte bella que me embelesa,
te quiero conmigo a prueba de balas.

Resistir con ahínco lo que venga y lo que falta,
con el poder del amor que hoy nos embriaga.

J.H.

O freio do mundo
Sei, de ciência certa, qual a cor exata
Do sol de pedra com que te furtas ao frio do mundo.
Tomo esse frio como freio
E cavalgo as loucuras do nosso desejo
Sem querer mais que ser um nome
A habitar o sorriso
Esboçado pelos teus lábios.

S.T.

Psykhé
Poético mano a mano

Para su composición se utilizó
fuente Georgia de 10, 11, 16, 20 y 25 puntos

Diagramación, corrección y cuidado de la edición
José Obdulio Valdez Amezcua

Made in the USA
Middletown, DE
21 June 2024